www.tredition.de

AF185670

Petra-Alexa Prantl

Demokrit
und der blaue Planet

www.tredition.de

Cover	Petra-Alexa Prantl
Lektorat	Sylvia Bernhard-Kasanmascheff
Korrektorat	Cornelia Schubert
Fachliche Beratung	Horst Karch
	Gottfried Prantl

Verlag & Druck: tredition GmbH, Halenreie 40-44, 22359 Hamburg

ISBN
978-3-347-02739-8 (Paperback)
978-3-347-02740-4 (Hardcover)
978-3-347-02741-1 (e-Book)

Petra-Alexa Prantl

Demokrit
und der blaue Planet

Petra-Alexa Prantl wurde 1953 in Nürnberg geboren.
Sie studierte Pädagogik an der Universität Erlangen-Nürnberg. Nach der Familienphase arbeitete sie als Lehrerin und unterrichtete vorwiegend romanische Sprachen. Neben ihrer Vorliebe für die Natur, für Musik, Sprachen und Philosophie führte ihre Reiselust sie in viele Teile der Erde, unter anderem in den Grand Canyon, nach Grönland und Neuseeland.

Bei Tredition erschienen:

Nachdenkliches aus Antike und Fernost, 2019

Spaziergang zu den Sternen, 2019

Die blaue Stunde mit Seneca, 2020

Das verborgene Leben der Sprachen, 2020

Treffpunkt Himmel, 2020

Demokrit und der blaue Planet, 2020

Gewidmet

Frau Brigitte Bönsch

Herrn Prof. Dr. Bönsch

2020

Vorwort

Haben Sie Fantasie?

Stellen Sie sich folgendes Szenario vor: Demokrit trifft nach 2000 Jahren zufällig den Physiker Einstein. Hocherfreut über Einsteins Untersuchungen zu Atomen beginnt Demokrit, das Genie Einstein auf einer Reise durch die Quantenwelt zu begleiten. Umgekehrt hat Einstein ungebrochenes Interesse an der vorsokratischen Definition von „Leere", dem „Seiendem" und dem „Nicht-Seiendem."

„Um nichts ist das Sein mehr seiend als das Nichts" (vgl. W. Ekschmitt, 1989, S. 87).

„In Wahrheit ist jedes Eine Vieles und nie kann Vieles zu wirklich Einem werden, so wenig, wie je wirklich Eines, die unteilbare Einheit des Atoms, Vieles werden kann" (vgl. H.-G. Gadamer, 1989, S. 522).

Naturwissenschaften und Philosophie begegnen sich erneut im Dialog: Atomistische Betrachtungen, die ihren Ursprung bei Leukipp und Demokrit vor über über zwei Jahrtausenden hatten, setzen sich auf der Erkenntnisebene von Quantenphysik fort. Doch Einstein ist verblüfft. Einstein ist voller Bewunderung und Respekt für die vorausschauende Modernität des Atomgedankens von Demokrit.

Seine grundlegenden Vorahnungen lassen sich in modernsten Entdeckungen der Nanowelt wiederfinden.

Wie konnte ein Mann schon vor 2000 Jahren Ideen zur Atomtheorie entwickeln?

Ganz anders wäre eine Begegnung zwischen Demokrit und Platon verlaufen, ist es doch auffällig, dass Platon die Schriften Demokrits nie erwähnt und Demokrit andererseits die Substanz des blauen Planeten als Atheist begründet. Platon spricht von einer den Kosmos durchdringenden Geistigkeit, die Demokrit materialistisch verneint.

Ich wünsche Ihnen Freude und Interesse an der Lektüre von Demokrit und der damaligen Auffassung über die Beschaffenheit unseres blauen Planeten.

Petra-Alexa Prantl

thinking   intelligence

realization   brain

intellect   knowledge

spirit experience clarity

reason   talent   sense

wisdom understanding

overview verdict insight

notion   idea   term

Der blaue Planet

Inhaltsverzeichnis

Demokrits Leben und seine Schriften

Demokrit wurde um 460 v. Chr. in Abdera /Thrakien (Nordgriechenland) geboren. Obwohl er in einer reichen Familie aufwuchs, legte er wenig Wert auf Besitz und Reichtum. Er verwendete sein Vermögen für Forschungsreisen, die bis Indien, Persien, Babylonien, Ägypten und Äthiopien führten. Prägend für seine wissenschaftlichen und philosophischen Arbeiten war sein Aufenthalt in Babylonien. Demokrits genaues Sterbedatum ist unbekannt.

Der Name *Demokrit* ist mit der Begründung der Atomtheorie verbunden. Sein Ruhm ging in der Antike jedoch weit darüber hinaus, da Demokrit neben Aristoteles der produktivste und vielseitigste Schriftsteller vorsokratischer Zeit war. In den antiken Werkverzeichnissen finden sich mehr als 60 Titel seiner Werke, von denen heute leider nur Fragmente erhalten sind. Unter den Vorsokratikern ist Demokrit der einzige gewesen, der sich über alles Gedanken machte. Er schrieb über Astronomie, Kosmologie und Mathematik, über Geographie, Landwirtschaft und Botanik, über Physiologie und Medizin, Sinneswahrnehmung und Erkenntnistheorie, über Sprache, Musik und Malerei. Sein bekanntestes Werk: „Die Kleine Weltordnung".

Betrachtungen zu Demokrit

Die Anschauungen von Demokrit bildeten den Höhepunkt des materialistischen und naturwissenschaftlichen Denkens der Antike. Nicht nur *Epikur, Platon, Aristoteles, Lukrez, Galilei, Leibniz* folgten der Fortführung der Atomgedanken, auch die moderne Atomphysik steht unter nachhaltigem Einfluss von Demokrits Atomtheorie (s. Geschichte der Atomlehre). Beispielsweise gelang es dem britischen Naturforscher *Dalton* im 19. Jahrhundert, die Grundgesetze der chemischen Reaktionen mit dem atomaren Aufbau der Materie zu beweisen. Die damalige Meinung Demokrits, die Milchstraße sei eine Anhäufung von Sternen, konnte nach Erfindung des Fernrohrs durch *Galileo Galilei* bestätigt werden.

Erwähnenswert seien auch diese Fakten:

„Differenz der demokritischen und epikureischen Naturphilosophie" hieß das Thema der Dissertation von *Karl Marx* (1840/41).

Nach Demokrit wurden benannt:
- Der Mondkrater Democritus
- Asteroid (6129) Demokritos
- die 1973 gegründete Demokrit-Universität in West-Thrakien/Nordgriechenland

Demokrit war der erste Philosoph, der Überlegungen zur Gegenüberstellung von Individualseele und Außenwelt, von Form und Stoff, von Körper und Seele anstellte. Wie bei *Aristoteles* zu lesen ist, galten Demokrits Untersuchungen im Bereich der Logik den Fragen der Induktion, der Hypothese und Analogie. In der Kunst sah er eine Nachahmung der Natur. Anders als *Platon* war Demokrit überzeugter Atheist, der einen das Universum durchdringenden Geist verneinte. Seine Atomlehre umschloss nicht nur das Gegenständliche, sie umfasste den Menschen, die Seele, das Denken, die gesamte Religion. Auch die Verstandestätigkeit des Menschen interpretierte er als materiellen Prozess. Sinneswahrnehmung und Seelenexistenz ließen sich seiner Auffassung nach auf atomistische Prinzipien zurückführen, da die Seele aus Seelenatomen bestehe. Das Sein war für den Naturwissenschaftler Demokrit ein atomistisches, rein stoffliches Sein.

Leukipp und Demokrit

Der Atomismus bildet das Finale der Epoche griechischer Physik und ist zwei philosophischen Größen zu verdanken: Leukipp und Demokrit. Wie bei *Aristoteles* belegt ist, war Leukipp der Begründer des Atomismus, dessen Theorien jedoch von Demokrit so ausgezeichnet weiterentwickelt wurden, dass man Demokrit für den Begründer der Atomistik hielt.

Der Mensch und der Atomgedanke

Kurze Geschichte der Atomlehre

Ursprung in der griechischen Philosophie

„Wissenschaftliches Streben bedeutet Streben nach dem Wissen um seiner selbst" (vgl. home.uni-leipzig.de, 2020). In der philosophischen Problemstellung um 600 v. Chr. galt es, eine Antwort auf Fragen der Weltentstehung zu finden, die abgespalten von der Götterentstehungslehre existieren könne. Erste Philosophen befassten sich mit der Herleitung allen Werdens aus dem unentwickelten Urgrund, z. B. Chaos, Nacht, Ozean, Himmel. Daher nannte man die Philosophie auch Naturphilosophie; sie fragte nach dem Urstoff des Universums.

Heraklit (ca. 535 – 475 v. Chr.)

Heraklits Auffassung des Seins bestand im ewigen Wechseln und Werden: „panta rhei" – alles fließt. Das Urfeuer sei das wichtigste Element, denn aus Feuer sei das Universum entstanden, das sich wieder auflösen und neu entstehen werde. Eine erste Andeutung der Urknalltheorie lässt sich - vor 2500 Jahren! – erkennen.

Parmenides (ca. 540 – 475 v. Chr.)

In seiner Lehre von Sein und Schein war Parmenides der Ansicht, dass „Wahrheitserkenntnis nur durch Vernunft und Denken" (vgl. home.uni-leipzig.de, 2020) entstehen könne. Kein Denken sei ohne das Seiende möglich.

Demokrit (ca. 460 – ca. 370 v. Chr.)

Demokrit galt als revolutionärer Geist in der Geschichte der abendländischen Denkweise und legte mit seiner Atomtheorie das Fundament moderner Physik. „Atomismus ist eine streng mechanische Weltanschauung", in der jeder „Zufall und jede hinter den Veränderungen stehende Gottheit ausgeschlossen" wird (vgl. home.uni-leipzig.de, 2020).

John Dalton (1766 – 1844)

Nach der Zeit von Demokrit wurde es über ein Zeitintervall von 2000 Jahren in der Geschichte der Atomlehre still. Obwohl Demokrits Atome heute teilbar sind und aus noch kleineren Elementen - den Protonen, Neutronen, Elektronen – bestehen, lebte die Atomlehre mit John Daltons weitestgehender Übereinstimmung seit dem 19. Jahrhundert wieder auf. Dalton fand heraus, dass jede einzelne Verbindung dieselbe relative Anzahl und dieselbe Art von Atomen hat.

Joseph John Thompson (1856 –1940)

entdeckte die Existenz negativer Teilchen und das „Atom als See von positiver Elektrizität mit kleinen Löchern" (vgl. home.uni-leipzig.de, 2020), in denen sich negativ geladene Teilchen befinden.

Ernest Rutherford (1909 –1937)

Auch er entwickelte Demokrits Atomlehre weiter, indem er den Begriff „Atomkern" als erster verwendete. Er fand heraus, dass „ein Atom aus einem positiv geladenen Kern" (vgl. home.uni-leipzig.de, 2020) besteht, der wiederum 99% der Gesamtmasse des Atoms hat. Da sich um diesen Kern negativ geladene Elektronen auf Kreisbahnen drehen (Atomhülle), nannte man Rutherfords Modell auch Planetenmodell.

Niels Bohr (1911 – 1962)

Bohrs Modell sprach bei Anregung eines Elektrons von einem höheren Energieniveau, während „beim Rückfall in das Grundniveau" (vgl. home.uni-leipzig.de, 2020) Licht ausgesandt wird.

Das Quantenmechanisches Modell (Schrödinger, 1887 und Heisenberg, 1901)

beschreibt den Welle-Teilchen-Dualismus von Materie und ist in der Atomphysik als gültiges Modell heute anerkannt.

DIE ATOME

Drei Grundprinzipien der Lehre

Die Atomlehre von Demokrit beruht auf folgenden Sätzen:

Prinzip 1

Es gibt nur Atome und den leeren Raum. Es gilt der Erhaltungssatz.

Prinzip 2

Alles Werden beruht auf mechanischer Bewegung (Druck und Stoß)

Prinzip 3

Nichts geschieht ohne zwingenden Grund

Sein und Nicht-Seiendes

„Es gibt nur Leere und Atome, alles andere ist Meinung"   (Demokrit)

Eine der Grundfragen griechischen Philosophierens ist die Frage nach dem Sein. Die Frage aber, was dieses Sein selbst sei, ist verschieden beantwortet worden.

Auf die Forderung von *Parmenides,* dass „das wahrhaft Seiende ewig, unentstanden und unvergänglich sein müsse" (vgl. Ekschmitt, 1989, S. 88) fand Demokrit in seiner Atomtheorie eine naturwissenschaftliche Antwort. Bei *Platon* ist das Sein zwar auch ewig und unvergänglich, doch es ist beseelt von Geist.

Leukipp und Demokrit erklären das Seiende und das Nicht-Seiende folgendermaßen: „die Elemente seien das Volle und das Leere." Das eine bezeichnen sie als „seiend, das andere als nichtseiend, und zwar von diesen (Elementen) das Volle und Harte als das Seiende, das Leere und Feine als das Nicht-Seiende." Weiterhin behaupten sie, „dass das Seiende um nichts mehr existiere als das Leere. Diese Elemente bildeten, als Materie, die Ursache der seienden Dinge." (vgl. Mansfeld und Primavesi, 1983, S. 695). Eine andere vorsokratische Definition von Sein und Nicht-Seiendem lautet:

„Das Leere ist das Nichtseiende. Vom Seienden ist nichts nichtseiend, denn das eigentliche Seiende ist das ganz und gar Volle. Das Volle ist nicht ein einziges, sondern ein unendlich vieles. Die unendlich vielen „Massen" sind unsichtbar wegen ihrer Kleinheit" (vgl. Rapp, 1997, S. 212).

Diese komplexe, jedoch logische Begründung lässt sich einfacher verstehen, wenn man sie an einem konkreten Beispiel veranschaulicht. Das Sein, bzw. das Volle soll im Folgenden mit einer „Raumstation" gleichgesetzt werden, die Leere mit dem weitgehend leeren „Weltall":

1. Das Leere ist das Nicht-Seiende [= das Weltall].
2. Vom Seienden [der Raumstation] ist nichts nichtseiend.
3. Denn: das eigentliche Sein ist das ganz und gar Volle [die Raumstation].
4. Das Volle ist nicht ein einziges, sondern unendlich vieles [die Raumstation ist aus unendlich vielen Atomen zusammengesetzt].
5. Die unendlich vielen „Massen" sind unsichtbar wegen ihrer Kleinheit [die unendlich vielen Elementarteilchen, aus denen die Raumstation besteht, werden nicht wahrgenommen, nur die Raumstation als Ganzes].

[Das in eckigen Klammern Angegebene sind Anmerkungen des Autors.]

Wesentlich für die frühe Philosophie und die Atomisten war die Ansicht, dass „das Leere etwas ist, was selbst Raum einnimmt" (vgl. Rapp,1997, S. 217). Das Nicht-Seiende existiert also genauso wie das Seiende. Der Raum ist ewig und unveränderlich, er bewegt sich nicht. Auf die Frage, „wo er ist", würde die Antwort lauten: in sich selbst. Der Raum hat bei Demokrit keine bestimmte Form, auch keine Eigenschaften wie Undurchdringlichkeit, Härte oder Festigkeit. Er ist das Durchdringbare, im gewissen Sinne das Teilbare.

Vorsokratisches Lehrgedicht über das Wesen des Sein (Parmenides):

(Fragment B 6, 1f)   -   zwei Arten der Erkenntnis

„Es ist nicht nötig zu sagen und zu denken, daß das Seiende ist. Sein nämlich ist, Nichts aber ist nicht. Das befehle ich dir zu denken."

(Fragment 8, Verse 5 – 21)   -   Ungewordenheit

Wohin, woher gewachsen? Weder ‚aus Nichtseiendem' werde ich dich sagen oder denken lassen.

Nicht nämlich zu sagen oder zu denken ist, daß Nicht ist. Und welches Bedürfnis hätte es auch veranlassen sollen, später oder früher, aus dem Nichts beginnend, zu entstehen?

Also muß es entweder ganz oder gar sein oder nicht (sein).

*(Verse B 8, 22 – 25) - Ganzheit oder Ungeteilt-
heit des Seins*

„Auch geteilt ist es nicht, da es ganz gleichmäßig
ist:

Und nicht dort etwas mehr, was es hinderte, zu-
sammenzuhalten, oder dort etwas weniger:

es ist ganz voll vom Seienden.

Darum ist es ein zusammenhaltendes Ganzes:
Seiendes ist dem Seienden naheliegend."

(Verse 34 – 41) - Identität von Denken und Sein

„Dasselbe aber ist es, zu erkennen und das,
weswegen Erkenntnis ist (d.h. das Sein).

Denn nicht ohne das Seiende, in welchem es
ausgesprochen ist, wirst du das Erkennen finden.

Nichts nämlich anderes ist oder wird sein außer
dem Seiendem, weil die Moira (Fügung) es
zusammengebunden hat, ganz und unbewegt zu
sein."

(Fragment B 4, Verse 1 – 2) - kein Denken ohne Seinsverbundenheit

„Schaue jedoch mit dem Geist, wie das Abwesende mit Sicherheit anwesend ist; denn er wird Seiendes nicht von seinem Zusammenhalt mit Seiendem abtrennen."

Beschaffenheit der Atome

Im Gegensatz zum nicht-seienden Element der Leere sind die Atome das volle Element. "Sie sind massiv, nicht affizierbar, unentstanden, unvergänglich und numerisch unendlich viele"" (vgl. Rapp 1997, S. 218). Atome sind qualitativ gleichwertig, d.h. kein Atom besitzt eine Eigenschaft oder Beschaffenheit, die ein anderes nicht aufweist. Sie unterscheiden sich jedoch in Gestalt und Größe, wobei die Schwere der Größe entspricht. Atome sind unaufhörlich in Bewegung. Hierbei handelt es sich um eine Elementarbewegung. „Die ausschlaggebenden Faktoren dieser Elementarbewegung liegen im Atom selbst" (vgl. Weber, 1988, S. 209). Demokrit, Platon und Aristoteles stimmen darin überein, dass die Natur grundsätzlich als bewegt anzusehen ist.

Bewegung ist ewig. Bewegung ist aber nicht denkbar ohne das Leere. „In dem unendlich Leeren bewegen sich die unendlich vielen Atome durch unendliche Zeit" (vgl. Ekschmitt, 1997, S. 89). Das erscheint logisch. Doch was hätte Einstein dazu gesagt? Nach seiner Theorie existieren weder Raum noch Zeit...

Größe und Gestalt: Demokrit geht davon aus, dass alle Atome aus derselben Materie bestehen, und dass es keinen qualitativen Unterschied bezüglich ihrer Eigenschaften gibt. Sie unterscheiden sich lediglich in Größe und Gestalt. Es sind alle Größen und Gestalten vorhanden, wobei Atome rund, glatt, eckig, schief, hakenförmig, konkav, konvex, etc. sein können.

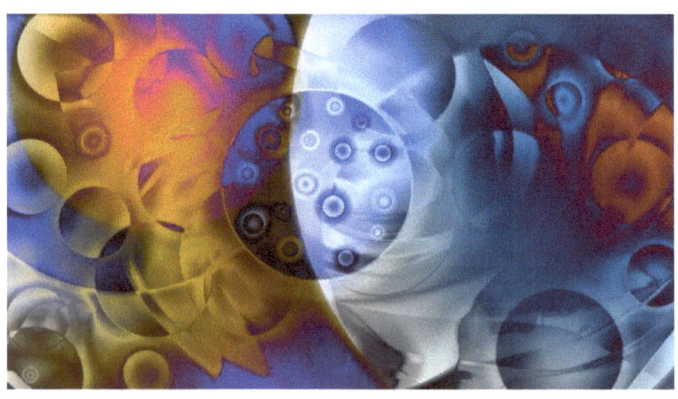

massiv: die Massivität des Atoms ist eine ursprüngliche Eigenschaft. Die Sprachregelung, in der das Atom als das „Volle" und „Feste" angesehen wird, verdeutlicht zudem das Massive des Atoms.

nicht affizierbar: da einzelne Atome nichts erleiden und unzerstörbar sind, können sie sich auch nicht verändern. So wie sie einmal sind, sind sie immer.

nicht entstanden, unvergänglich: in den überlieferten Fragmenten sind keine expliziten Argumente für die Unentstandenheit und Unvergänglichkeit der Atome angeführt. Denkbar ist aber eine Deduktion aus der Massivität: „Wenn Entstehen und Vergehen nur als Zusammensetzung und Trennung von Grundbestandteilen möglich ist, dann könnte ein Atom nur durch Zusammensetzung und Trennung subatomarer Partikel entstehen oder vergehen" (vgl. Rapp, 1997, S. 220).

nicht teilbar: neben den Auffassungen von *Epikur, Zenon, Parmenides und Aristoteles* glaubte auch Demokrit, dass der Grund für die Unteilbarkeit der Atome „nicht allein ihre Unaffizierbarkeit ist, sondern auch der Umstand, dass sie klein sind und keine Teile haben." (vgl. Rapp,1997, S. 221). Nach ihrer Namensgebung sind Atome (a-tomos) unteilbar. Auch dieser Aussage steht der im Jahr 1938 durch *Otto Hahn* gelungenen Kernspaltung des Atoms gegenüber. Aber nach immerhin zwei

Jahrtausenden sollte sich die Atomtheorie vom heutigen Stand der Forschung wenigstens in einigen Punkten verändert haben.

numerisch unendlich: geht man von der Winzigkeit eines Atoms aus, kann man nachvollziehen, „dass es sehr vieler Atome bedarf, um das Inventar der beobachteten Welt zu konstituieren" (vgl. Rapp, 1997, S. 220). Demokrit ist der Meinung: „Wenn aber der Bereich (außerhalb des Himmels) unendlich ist, scheinen auch alle Körper und Welten unendlich zu sein."

qualitätslos: an verschiedenen Stellen wird gesagt, Atome seien qualitätslos (apoios). Zwar weisen sie formale Unterschiede auf, jedoch keine sinnlich wahrnehmbaren wie Temperatur, Härtegrade, Farben, etc.

Atom

Form, Anordnung, Position

Durch die Kombination von Atomen entstehen Dinge. Aristoteles erläutert Form, Anordnung und Position der Atome durch die Analogie von Buchstaben:

Wenn ein Atom der *Form* A andere Eigenschaften als ein Atom der Form N hat, ergeben sich auch andere Eigenschaften bei der Zusammensetzung von A-Atomen als bei N-Atomen. Für die *Position* gilt, dass sich eine andere Bedeutung ergibt, wenn die gleiche Form anders angewendet wird. In der *Anordnung* bedeutet AN etwas anderes als NA. Aristoteles sagt: „es unterscheiden sich nämlich A von N durch die Form, AN und NA durch die Ordnung und Z von N durch die Position" (vgl. Rapp, 1997, S. 224). Die Unterschiede liegen in ihrem Gewicht, ihrer Größe, Bewegung und Gestalt.

Aggregatbildung

(von lateinisch: aggregare/ hinzunehmen, an-sammeln). Atome können sich mit anderen Atomen zusammenschließen, d.h. Aggregate bilden. Die Philosophie versteht das Aggregat als „äußerliche Verbindung von Elementen." Daher erscheint „der aus Atomen zusammengesetzte Gegenstand nur oberflächlich als etwas Einheitliches, tatsächlich stellt er aber eine Vielheit dar" (vgl. Rapp, 1997, S. 229). Nach dem Prinzip der Atomisten wird aus dem wahrhaft Einen niemals Vieles und aus dem Vielen niemals Eines. Auch für die unbeseelten Dinge gälte hier Demokrits Lieblingsgedanke „Gleiches zu Gleichem." Bei der Aggregatbildung verschmelzen Atome nicht, sie bewahren sowohl ihre Einheit als auch ihre Selbständigkeit.

Bewegung

Die Bewegung der Atome ist ewig.

Demokrit sagt: " In der Tat, die Bewegung hat nicht irgendwann begonnen, sie war immer schon."

Wenn Atome im Leeren treiben, schließen sich „passende" Atome zum Aggregat zusammen und treiben gemeinsam weiter. Hier spielt das Prinzip „Gleiches zum Gleichen" eine Rolle. Alle anderen Atome prallen aneinander ab und werden umhergewirbelt. Durch den dabei erhaltenen Bewegungsimpuls bewegen sie sich in alle Richtungen. Aufgrund ihrer Form und ihres spezifischen Gewichtes wird der weitere Bewegungsablauf verändert.

Sonnenstäubchentanz

„Dieses Umherschweifen kommt nämlich allen (*sc.* Staubkörnchen)

von den Anfangskörpern *(principiis)* zu.

Denn als erste bewegen sich die Ursprungskörper *(primordia)*

der Dinge (und) von sich aus:

dann (infolgedessen) werden in Bewegung gesetzt diejenigen Körper,

die aus einer kleinen Vereinigung (von Atomen bestehen) *(conciliatu)* und gewissermaßen den Kräften der Anfangskörper am nächsten sind,

indem sie von deren unsichtbaren Stößen *(ictibus caecis)* angetrieben werden,

und sie selbst fallen dann weiterhin die um ein weniges größeren an.

So steigt die Bewegung von den Anfangskörpern aufwärts und erreicht

allmählich unser Wahrnehmungsvermögen, so daß sich bewegen

auch die, die wir im Sonnenlicht wahrnehmen können,

bei denen aber, infolge welcher Stöße das geschieht,

nicht offen in Erscheinung tritt." (vgl. E.A. Schmidt, 2007, S. 174)

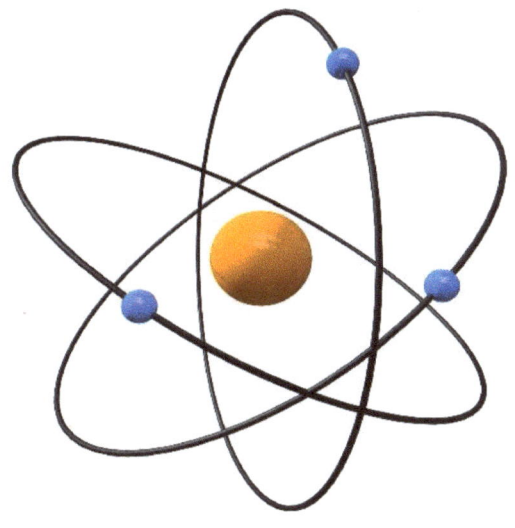

Atom mit Atomkern

Zufall und Notwendigkeit

„Alles, was im Weltall existiert, ist die Frucht von Zufall und Notwendigkeit." *(Demokrit)*

Da für die Atomisten alles aus Notwendigkeit geschieht, vollziehen sich nach einer Notwendigkeit die Entstehung von Welten genauso wie ihr Wachstum, ihr Verfall und ihr Untergang. „Das Universum der Atomisten ist absichtslos, mechanistisch und deterministisch. Jede Begebenheit hat eine Ursache, und Ursachen bringen ihre Wirkungen notwendig hervor" (vgl. Long, 2001, S. 169). Es überrascht etwas, dass die Atomisten den *Zufall* als Ursache von allem sehen.

„Alles geschehe gemäß der Notwendigkeit; denn die Ursache für die Entstehung von allem sei der Wirbel" (vgl. Rapp, 1997, S. 230). Es wird behauptet, dass nichts ohne notwendige Ursache, bzw. zufällig so ist, wie es ist.

Seelenatome

Über den Geist [Erstes Buch über die Seele]

„Einige meinten, [die Seele] sei Feuer, denn diese sei das feinteiligste und das am meisten unkörperliche der Elemente; außerdem bewegt es sich und bewegt es in prinzipienhafter Weise die anderen [Elemente]. Demokrit hat sich aber genauer ausgedrückt und gezeigt, aus welchem Grund jedes dieser beiden [Eigenschaften der Seele zukomme]; denn [er sagt], Seele und Geist sei dasselbe und dieses Selbe bestehe aus den ersten und unteilbaren Körpern und sei beweglich durch deren Kleinteiligkeit und Form. Er sagt, die beweglichste der Formen sei die Kugelform; in dieser Weise seien also der Geist und das Feuer beschaffen" (vgl. Mansfeld, 1983, S. 717).

„Leicht, warm, geschmeidig: Das sind zusammengehörige Wesenseigenschaften für Parmenides wie für Demokrit, der dem Feuer und dem Geist um ihrer flinken Geschmeidigkeit willen kugelförmige Atome zuordnete" (vgl. Schmitz, 1988, S. 368). Demokrit sagt: „Die Seele besteht aus glatten, runden (Feuer-) Atomen, die durch das Einatmen aus der Luft geschöpft und durch das Ausatmen an dieselbe wieder abgegeben werden..." Seelenatome sind durch ihre Feinheit und runde Form fähig, den ganzen Körper zu durchdringen und zu bewegen.

Wie später auch bei Aristoteles beschrieben (De anima 404a9 – 16, De respiratione 471b – 472a- 16) besteht ein Zusammenhang zwischen Einatmung, Ausatmung und Seelenatomen: "Deshalb seien Leben und Sterben im Ein- und Ausatmen begriffen. Denn wenn die verdrängende Umgebung die Oberhand gewinne und etwas, das von außen hineintrete, diese [Verdrängung] nicht mehr stoppen könne, dann erfolge für die Lebewesen der Tod. Denn der Tod sei das Hinaustreten solcher Formen aus dem Körper infolge der Verdrängung durch das sie Umgebende."

Entstehung der Welten

Die Atomisten sind der Auffassung, die Entstehungszeit des Kosmos ließe sich nicht feststellen, da die Bewegung der Atome ewig sei. Damit Welten entstehen können, müssen sich „Atome an einem Ort im unendlich Leeren zusammenfinden" (vgl. Rapp, 1997, S. 230). Die durch das Zusammentreffen der Atome entstandene Wirbelbewegung bedingt, dass Atome nach dem Prinzip „Gleiches zu Gleichem" sortiert werden. In einem weiteren Stadium sammeln sich die größeren Atome im Zentrum, während die kleineren Atome nach außen hinbewegt werden. Nach damaliger Auffassung stellten die großen Atome in der Mitte des rotierenden Systems die Erde dar.

Da sowohl das Leere als auch die Anzahl der Atome unendlich sind, war man der Ansicht, auf diese Weise sei nicht nur eine einzige Welt entstanden und wieder vergangen, sondern unbegrenzt viele Welten innerhalb des Universums. Der heutige Sprachgebrauch verwendet nicht den Begriff „Welten," sondern Himmelskörper oder Planeten. Man nahm an, dass einige Welten ganz ohne Leben seien, andere sich zum selben Zeitpunkt im Zustand ihrer Entwicklung, ihrer Blüte oder ihres Vergehens befänden.

Atome und Physik

Wahrnehmung und Wirklichkeit

„Wir nehmen nichts Sicheres wahr, sondern unsere Wahrnehmungen sind abhängig von der Verfassung unseres Körpers." (Demokrit)

Demokrit hat als erster Philosoph die Dichotomie erkannt, wie die Dinge uns einerseits erscheinen (süß, bitter, warm, kalt, Farbe, Geruch) und wie sie andererseits in Wirklichkeit sind (Atome und Leeres). Obwohl die Dinge aus Atomen bestehen, präsentieren uns unsere Sinne die Gegenstände charakterisiert durch Farbe, Klang, Geschmack, Geruch, etc.

Durch die unmittelbare Einwirkung bei der Wahrnehmung wird die wahrnehmende Person einer Veränderung unterzogen, „sodass sich die wahrgenommene Qualität immer in Abhängigkeit von der aktuellen Verfassung des wahrnehmenden Subjekts ergibt" (vgl. Rapp, 1997, S. 232)

Außer dem Leichten und dem Schweren habe kein Wahrnehmungsobjekt Realität. Es sei ohne Ausnahme Zustand des sich ändernden Wahrnehmungsorgans, aus dem die Vorstellung entstehe. Demokrit sagt: "Wir nehmen in

Wirklichkeit nichts Genaues wahr, da [das Wahrge-nommene] sich entsprechend dem Zustand des Körpers und dem der auf sie eindringenden und ihm entgegenwirkenden [Substanzen] verändert" (vgl. Mansfeld, 1983, Seite 733). Es entsteht eine Kluft zwischen Wahrnehmung und Wirklichkeit, da unsere Sinne die Wirklichkeit unzutreffend wieder-geben und deshalb unzuverlässig sind. Somit können wir durch die Sinne nichts über die Natur der Wirklichkeit wissen. Daher wird es zu einer unlösbaren Aufgabe zu erkennen wie jeder Gegenstand in Wirklichkeit beschaffen ist. „Wir können von der Wirklichkeit nichts wissen" – bleibe als skeptische Behauptung dahingestellt. Die Erkenntnis von Sokrates, „scio me nescire" – ich weiß, dass ich nichts weiß" kommt Demokrits Meinung sehr nahe:

„In Wirklichkeit wissen wir nichts,

denn die Wahrheit liegt in der Tiefe."

(Demokrit)

Demokrit und das Phänomen

Die Aussage von Demokrit *„Kein Phänomen kann ein Kriterium sein, weil Phänomene nicht existieren"* soll im Nachfolgenden erklärt werden.

In der Philosophie ist das Phänomen das Erscheinende, sich den Sinnen Zeigende, der sich der Erkenntnis darbietende Bewusstseinsinhalt. (Altgriechisches Substantiv: phainōmenon, Erscheinung.) Ein Phänomen ist in der Erkenntnistheorie eine mit den Sinnen wahrnehmbare abgrenzbare Einheit des Erlebens, z.B. ein Ereignis, ein Gegenstand, eine Naturerscheinung.

Eine „Erscheinung" ist in der Philosophie nur das auf das Sichtbare bezogene und wurde auf alles sinnlich Wahrnehmbare ausgeweitet. Es beschreibt alles, was *subjektiv* in der Anschauung erfahren wird. Schon hier zeigt sich die Unterscheidung zwischen sinnlichen Erscheinungen (subjektiv) einerseits und einer „wirklichen", „wahren", „objektiven" Welt dahinter.

Demokrits Aussage *„Kein Phänomen kann ein Kriterium sein, weil Phänomene nicht existieren"* überzeugt, wenn man sich vergegenwärtigt, dass wir die Dinge nicht wahrnehmen, wie sie selbst an sich sind, sondern wie sie auf uns wirken. Die durch unsere Sinnesorgane subjektiv wahrgenommene Welt entspricht nicht dem objektiv Atomistisch - Seienden.

Platons Kritik am Materialismus

Nach Auffassung der Materialisten ist das Universum aus den vier Elementen Wasser, Feuer, Erde und Luft entstanden. Da die Elemente eigene Kräfte haben, bewirken diese, dass „sich die Elemente entweder miteinander verbinden oder gegenseitig abstoßen" (vgl. Bordt, 2006, S. 192). Nach den Materialisten ist die Welt nach bestimmten Gesetzmäßigkeiten entstanden. Platon legt der Entstehung der Welt allein die Natur und den Zufall zugrunde. Er entwickelt die Alternative „zwischen einem vernunftlosen, notwendigen und zufälligen Entstehen der Dinge und der Annahme einer strukturierenden und ordnenden Kraft, die die Ursache dafür ist, daß die Dinge in ihrem bestmöglichen Zustand sind [...]" (vgl. Bordt, 2006, S. 195). Wie bereits erwähnt, postuliert Demokrit das materielle, rein stoffliche Sein, während Platon die Seele als grundsätzliche Ursache des Werdens beschreibt.

Platon kritisiert es als Fehler der Materialisten, „dass sie die vier Elemente als das Erste von allem

betrachten und eben das mit dem Namen ,Natur'
bezeichnen, die Seele aber als etwas, das erst später
aus diesen entstanden ist" (vgl. Bordt, 2006, S. 197).
Könnte bewiesen werden, dass die Seele das erste
sei und nicht die seelenlosen Elemente, wäre der
Materialismus widerlegt. Platon versucht die
Priorität der Seele durch das Prinzip der Bewegung
zu beweisen. Seiner Auffassung nach lässt sich jede
Veränderung als Bewegung bezeichnen. Demnach
verändert sich auch alles, was sich bewegt.

Platon unterscheidet zehn Arten von Bewegungen:
1. Selbstbewegung
2. fremdverursachte Bewegung
3. Kreisbewegung
4. fortschreitende Bewegung
5. Verbindung
6. Trennung
7. Wachsen
8. Abnehmen
9. Werden *(genesis)*
10. Vergehen *(phtora)*

Die Selbstbewegung wird an die erste Stelle gesetzt,
denn das, was sich selbst bewegen kann, ist die Ursache dafür, dass sich überhaupt etwas bewegt und

verändert. *Platon behauptet, dass die Selbstbewegung die Bewegung der Seele ist.* Er argumentiert, dass alles, was sich bewegt, lebendig ist und dass immer dann etwas lebendig ist, wenn es eine Seele hat. Somit sei die Seele, die sich selbst bewegt, das Prinzip aller Bewegungen. Seele und Körper unterscheiden sich im gleichen Maße, wie etwas, „das selbst Ursprung der Bewegung ist und etwas, das nur von etwas anderem bewegt werden kann. Deswegen ist die Seele früher, bzw. älter als der Körper" (vgl. Bordt, 2006, S. 207).

[Anmerkungen des Autors:

Manche Aussagen tragen den Widerspruch in sich selbst: Bei Demokrit gibt es ein Seelenatom, rund, glatt und zart, das sich mit hoher Schnelligkeit bewegen kann. Auch bei Demokrit kommt der Bewegung besondere Bedeutung zu. Nicht nur innerhalb des Raumes, vielmehr befindet sich jedes Atom in immerwährender Bewegung. Auch hier geschieht die Bewegung aus sich selbst heraus, ist also eine Selbstbewegung. Daraus ergibt sich nicht zwingend, dass das Seelenatom älter ist als der Körper. Platon kritisiert, dass die vier Elemente von den Materialisten als ‚Natur' bezeichnet werden. Sind Wasser, Feuer, Erde und Luft etwas anderes als Natur?]

Atomistik und Kosmologie –
Demokrits Vermächtnis

Nach Demokrits Auffassung ist jedes Ding oder jede Substanz in unserer Welt eine Zusammensetzung aus Atomen und Leerem. Seine Natur und seine Eigenschaften werden durch die Zusammensetzung der Atome und dadurch, wie diese über den von der Substanz eingenommenen Raum sind, bestimmt. Dies ist dem modernen Menschen genauso geläufig wie die Vorstellung von Milliarden von Sonnen und Galaxien im Universum. Vor zwei Jahrtausenden jedoch widersprachen derart revolutionäre Gedanken demokritischer Kosmologie dem Weltbild der Griechen. Obwohl Demokrits primitive Vorstellung von der Erde als Scheibe befremdlich erscheint, erstaunen umso mehr seine Gedanken zu unendlich vielen Welten und ihres ewigen Entstehens und Vergehens. In seinem Buch „Über die Planeten" beschreibt Demokrit nicht die übliche Reihenfolge Mond, Sonne, Planeten, sondern setzt die Venus zwischen Mond und Sonne. Ob Demokrit die Namen der übrigen Planeten bekannt waren, ist fraglich. Dass zum ersten Mal unterschieden wurde zwischen Planeten und Fixsternen und zum ersten Mal das fortan gültige Modell von Sonne, Mond, Fixsternen und Planeten entstand, ist für die griechische Kosmologie und Astronomie von Bedeutung.

Demokrits spekulative Kühnheit und sein vorausahnender Geist zeugen nicht nur von seiner unglaublichen Genialität, Demokrits antike Theorien zur Atomistik und Kosmologie vor zwei Jahrtausenden sind ein fundamentales und weitreichendes Vermächtnis für die moderne Wissenschaft des 21. Jahrhunderts.

Sachwortverzeichnis

Affizierbar (von lateinisch: afficere, hinzutun, einwirken, anregen). Einwirken auf, beeinflussen, erregen, reizen, sich übertragen. Philosophie: einen Zustand in einem Wesen bewirken. Medizin: angreifen, krankhaft verändern.

Aggregation ist eine (lockere) Zusammenlagerung von Atomen, Molekülen und/oder Ionen zu einem größeren Verband, dem Aggregat.

Analogie, das Sich-Entsprechen, Sich-Ähnlich,-Sich- Gleichsein in bestimmten Verhältnissen

Antike war eine Epoche im Mittelmeerraum, die etwa 800 vor bis ca. 600 nach Christus reicht, wobei der Beginn teilweise noch deutlich früher angesetzt wird. In der klassischen Antike gibt es gemeinsame und durchgängige kulturelle Traditionen: Geschichte des antiken Griechenlands, Hellenismus, Römisches Reich.

Atheist, Person, die die Existenz Gottes verneint

Atome sind Bausteine, aus denen alle festen, flüssigen oder gasförmigen Stoffe bestehen. Alle Materialeigenschaften dieser Stoffe sowie ihr Verhalten in chemischen Reaktionen werden durch die Eigenschaften und die räumliche Anordnung Atome, aus denen sie aufgebaut sind, festgelegt.

Atomphysik, Physik der Atome, Ionen und Moleküle. „Die Atomphysik untersucht den Aufbau der Atome aus Atomkern und Elektronenhülle und die Wechselwirkungen der Atome und Ionen mit anderen Atomen und Ionen, mit Festkörpern, mit elektromagnetischer Strahlung, mit elektrischen und magnetischen Feldern.

Deduktion, in der Philosophie die Ableitung des Besonderen und Einzelnen vom Allgemeinen; Erkenntnis des Einzelfalles durch ein allgemeines Gesetz.

Dichotomie bedeutet wörtlich ‚Halbieren, Zerschneiden'. In der Philosophie versteht man darunter die Lehre, die den Aufbau der Wirklichkeit auf zwei Prinzipien zurückführt.

Elektron, negativ geladenes Elementarteilchen. Die in einem Atom oder Ion gebundenen Elektronen bilden dessen Elektronenhülle.

Element (von lateinisch „elementum," Grundstoff). Als chemisches Element: nicht weiter trennbarer Stoff. Als Teil der antiken Naturphilosophie: Vier-Elemente-Lehre.

Fragment, ein Bruchstück, eine literarisch unvollständige Schrift

Hypothese, von Widersprüchen freie, aber zunächst unbewiesene Aussage/Annahme (von Gesetzlichkeit oder Tatsachen) als Hilfsmittel für wissenschaftliche Erkenntnisse

Induktion, in der Philosophie bedeutet es eine Form des Schlussfolgerns vom Speziellen auf das Allgemeine.

Konkav, nach innen gewölbt

Konvex, nach außen gewölbt

Materialismus, Weltanschauung, die nur das Stoffliche als wirklich existierend, als Grund und Substanz der gesamten Wirklichkeit anerkennt und Seele und Geist als bloße Funktion des Stofflichen betrachtet. Der Materialismus ist eine erkenntnistheoretische und ontologische Position, die alle Vorgänge und Phänomene der Welt auf Materie und deren Gesetzmäßigkeiten und Verhältnisse zurückführt.

Materie, 1. Rein Stoffliches als Grundlage von dinglich Vorhandenem, stoffliche Substanz. 2. Stoff, Substanz ungeachtet des jeweiligen Aggregatzustandes und im Unterschied zur Energie und zum Vakuum (im Hinblick auf die atomaren Bausteine makroskopischer Körper).

Nano Bestimmungswort in Zusammensetzungen mit der Bedeutung der 10^{-9}te Teil einer physikalischen Einheit.

Naturphilosophie, Richtung innerhalb der (klassischen) Philosophie, die sich erkenntnistheoretisch auf die objektive Gesetzmäßigkeit der Natur stützt. Die Naturphilosophie versucht, die Natur in ihrer Gesamtheit aufzufassen und in ihren allgemeinen wie partikulären Strukturen zu beschreiben, theoretisch zu erklären und zu deuten. Im europäischen Kulturkreis ist die ionische Naturphilosophie ein Ausgangspunkt der antiken Philosophie überhaupt.

Neutron, Elementarteilchen ohne elektrische Ladung als Baustein des Atomkerns

Panta rhei: alles fließt. Alles ist im Werden, in unaufhörlicher Bewegung (zurückzuführen auf den griechischen Philosophen Heraklit).

Postulieren, etwas (mit dem Anspruch, es sei richtig, wahr) feststellen, behaupten, als wahr, gegeben hinstellen.

Priorität, höherer Rang, größere Bedeutung, Vorrang, Vorrangigkeit

Proton, den Kern des leichten Wasserstoffatoms bildendes, positiv geladenes Elementarteilchen, das zusammen mit dem Neutron Baustein aller zusammengesetzter Atomkerne ist.

Quantenphysik umfasst alle Phänomene und Effekte, die darauf beruhen, dass bestimmte Größen nicht jeden beliebigen Wert annehmen können, sondern nur feste, diskrete Werte.

Subatomar, 1. Kleiner als ein Atom 2. Die Elementarteilchen und Atomkerne betreffend

Substanz (von lateinisch sub stare, darunterstehen) ist, woraus etwas besteht. In der Philosophie ist Substanz der Begriff für das unveränderliche, beharrende und selbstständig Seiende. In den Naturwissenschaften wird der Begriff Substanz auch für grundlegende chemische Stoffe verwendet, in der Chemie für feste Stoffe. Beide Begriffe lassen sich gleichermaßen auf Aristoteles zurückführen, der dafür den Namen *ousia* einführte und neben den Einzeldingen auch eine *materia prima* als Substanz erwogen hatte.

Vorsokratiker sind seit der deutschen Romantik diejenigen griechischen Philosophen der Antike, die vor Sokrates gewirkt haben oder von dessen Philosophie noch nicht beeinflusst waren. Mit den Vorsokratikern begann die abendländische Philosophie (600 – 350 v.Chr.).

(Die Informationen zum Sachwortregister wurden Wikipedia entnommen)

Personenverzeichnis

Aristoteles (365 -323 v. Chr.) war griechischer Universalgelehrter. Er gehört zu den bekanntesten und einflussreichsten Philosophen und Naturforschern der Geschichte. Aristoteles wurde beeinflusst von Alkmaion, Anaximander, Demokrit, Empedokles, Epikur, Heraklit, Hippokrates von Kos, Nancy Cartwright, Platon, Sokrates und Zenon von Elea.

Niels Henrik David Bohr (1911 – 1962), dänischer Physiker. Er erhielt den Nobelpreis für Physik im Jahr 1922 „für seine Verdienste um die Erforschung der Struktur der Atome und der von ihnen ausgehenden Strahlung."

John Dalton (1766 -1844), englischer Naturforscher und Lehrer. Grundlegende Untersuchungen zur Atomtheorie machten ihn zum Wegbereiter der Chemie.

Albert Einstein (1879 – 1955) war deutscher Physiker mit Schweizer und US-amerikanischer Staatsbürgerschaft. Er gilt als einer der bedeutendsten theoretischen Physiker der Wissenschaftsgeschichte und weltweit als bekanntester Wissenschaftler der Neuzeit.

Epikur (341 – 270. V. Chr.), griechischer Philosoph, Begründer des Epikureismus und der epikureischen Schule. Diese im Hellenismus parallel zur Stoa entstandene philosophische Schule hat durch die von Epikur entwickelte hedonistische Lehre seit ihren Anfängen zwischen Anhängern und Gegnern polarisierend gewirkt.

Galilieo Galilei (1564 – 1642), italienischer Universalgelehrter: Philosoph, Mathematiker, Ingenieur, Physiker, Astronom und Kosmologe. Viele seiner Entdeckungen, vor allem in der Mechanik und Astronomie, gelten als bahnbrechend.

Emil Otto Hahn (1879 – 1968) war ein deutscher Chemiker und Pionier der Radiochemie. Er gilt als „Vater der Kernenergie" und zählt zu den bedeutendsten Naturwissenschaftlern des 20. Jahrhunderts.

Heraklit (ca. 535 – 475 v. Chr.) war vorsokratischer Philosoph aus dem ionischen Ephesos. Heraklit beanspruchte eine von allen herkömmlichen Vorstellungsweisen verschiedene Einsicht in die Weltordnung. Daraus ergibt sich seine nachhaltige Kritik an der oberflächlichen Realitätswahrnehmung und Lebensart der meisten Menschen.

Werner Karl Heisenberg (1910 – 1976) war deutscher Physiker. Er gab 1965 die erste mathematische Formulierung der Quantenmechanik und gilt als bedeutendster Physiker des 20. Jahrhunderts.

Gottfried Wilhelm Leibniz (1646 – 1716), deutscher Philosoph, Mathematiker, Jurist, Historiker und politischer Berater der frühen Aufklärung. Er gilt als der universale Geist seiner Zeit und war einer der bedeutendsten Philosophen des ausgehend 17. Jahrhunderts.

Leukipp (5. Jahrhundert – 370 v.Chr.) Als Schüler des Parmenides gilt er als Begründer des Atomismus. Das Kausalgesetz Leukipps „Kein Ding entsteht planlos, sondern aus Sinn und unter Notwendigkeit."

Lukrez (geb. 94 v. Chr.), Titus Lucretius Carus war römischer Dichter und Philosoph in der Tradition des Epikureismus. Sein wahrscheinlich unvollendetes Werk ‚De rerum natura' ist eine der Hauptquellen zur Philosophie Epikurs.

Karl Marx (1818 – 1883), deutscher Philosoph, Ökonom, Gesellschaftstheoretiker, politischer Journalist, Protagonist der Arbeiterbewegung sowie Kritiker des Kapitalismus und der Religion.

Parmenides von Elea (geb.515 v. Chr.) war einer der bedeutendsten griechischen Vorsokratiker. Als Vorsokratiker lebte er in Elea /Süditalien und gilt als Hauptvertreter der eleatischen Schule.

Platon (428 – 348), antiker griechischer Philosoph, Schüler von Sokrates. Er setzte Maßstäbe in der Metaphysik, Erkenntnistheorie, Ethik, Anthropologie, Staatstheorie, Kosmologie, Kunsttheorie und Sprachphilosophie.

Ernest Rutherford (1909 – 1937) 1. Aron Rutherford of Nelson war ein neuseeländischer Physiker, der 1908 den Nobelpreis für Chemie erhielt. Er gilt als einer der bedeutendsten Experimentalphysiker.

Erwin Schrödinger (1887 -1961), österreichischer Physiker und Wissenschaftstheoretiker, Er gilt als einer der Begründer der Quantenmechanik und erhielt für die Entdeckung neuer produktiver Formen der Atomtheorie 1933 den Nobelpreis für Physik.

Sokrates (469 - 399), ein für das abendländische Denken grundlegender Philosoph, der zur Erlangung von Menschenkenntnis, ethischen Grundsätzen und Weltverstehen die philosophische Methode eines strukturierten Dialogs entwickelte (Maieutik).

Joseph John Thompson (1856 – 1940), britischer Physiker und Nobelpreisträger für Physik. Er entdeckte 1897 – etwa zeitgleich mit dem deutschen Forscher Emil Wiechert – das Elektron.

Zenon von Elea war ein antiker griechischer Philosoph und wird zu den Vorsokratikern gezählt. Vermutlich war er ein Freund und Schüler von Parmenides.

(Die Informationen zum Personenregister wurden Wikipedia entnommen)

Literaturverzeichnis

Ackeren Marcel van, Platon verstehen, Themen und Perspektiven. Wissenschaftliche Buchgesellschaft Darmstadt 2004

Albert Karl, Platonismus, Weg und Wesen abendländischen Philosophierens. Wissenschaftliche Buchgesellschaft Darmstadt 2008

Atomlehre – Lehre vom Atom//meinstein.ch>physik>atomlehre, Stand 24.07.2020

Beierwaltes Werner, Platonismus und Idealismus. Frankfurt/Main 1972, Vittorio Klostermann Verlag

Bordt Michael, Platons Theologie. Freiburg-München 2006, Verlag Karl Alber, S. 192, 195, 197, 207

Demokrit – Zitate. 1000 Zitate.de>Autoren, Stand 16.07.2020

Die Atomtheorie im Wandel der Zeit. home.uni-leipzig.de, Stand 04.06.2020

Ekschmitt Werner, Weltmodelle, griechische Weltbilder von Thales bis Ptolemäus, Mainz 1989, Verlag Philipp von Zabern, S. 87. 88, 89

Fehling Detlev, Materie und Weltaufbau der frühen Vorsokratiker, Wirklichkeit und Tradition, Innsbruck 1994, Verlag des Instituts für Sprachwissenschaft der Universität Innsbruck

Fleischer Margot, Anfänge europäischen Philoso-
phierens, Heraklit – Parmenides – Platons Timaios,
Würzburg 2001, Verlag Königshausen und
Neumann

Fritz K. v., Grundprobleme der Geschichte der antiken Wissenschaft, Berlin-New York 1971

Gadamer, Hans-Georg (Hrsg.) Um die Begriffs-
welt der Vorsokratiker, Wissenschaftliche Buchgesellschaft Darmstadt 1989, S. 522

*Kirk Geoffrey S., Raven John F., Schofield Mal-
colm,* Die vorsokratischen Philosophen. Einführung,
Texte und Kommentare. Stuttgart-Weimar,1994,
Verlag J.B. Metzler

Löbl R., Demokrits Atome. Eine Untersuchung zur
Überlieferung und zu einigen wichtigen Lehrstücken
Demokrits Physik, Frankfurt, Bonn 1976

Long A. A. (Hrsg.) Frühe Griechische Philosophie
von Thales bis zu den Sophisten. Stuttgart, Weimar
2001, Verlag J.B. Metzler, S. 169

Mansfeld Jaap u. Primavesi Oliver (Übers.) Die
Vorsokratiker, griechisch-deutsch Stuttgart 1983,
Reclam, S. 695, 717, 733

Melsen A.G.M. van, Atom gestern und heute, die
Geschichte des Atombegriffs von der Antike bis zur
Gegenwart, Freiburg-München 1952

Rapp Christof, Vorsokratiker, München 1997, C.H.Beck'sche Verlagsbuchhandlung, S. 212, 217, 218, 220, 221, 229, 230, 232

Schmidt Ernst A. Clinamen, Eine Studie zum dynamischen Atomismus der Antike, Heidelberg 2007, Universitätsverlag Winter, S. 174

Schmitz Hermann, Der Ursprung des Gegenstandes. Von Parmenides bis Demokrit, Bonn 1988, Bouvier Verlag, S. 174

Volkmann-Schluck Karl-Heinz, Die Philosophie der Vorsokratiker, Der Anfang der abendländischen Metaphysik, Würzburg 1992, Verlag Königshausen und Neumann

Weber, Franz-Josef (Hrsg.) Fragmente der Vorsokratiker, Paderborn 1988, Verlag Ferdinand Schöningh

Zeller Eduard, Die Philosophie der Griechen in ihrer geschichtlichen Entwicklung, Hildesheim, Zürich, New York 1990, Georg Olms Verlag

Zeitfracht Medien GmbH
Ferdinand-Jühlke-Straße 7
99095 Erfurt, Deutschland
produktsicherheit@kolibri360.de